RENATE MÜLLER

Porzellanpuppen

nach alten Vorbildern selber gießen

Christophorus-Verlag · Freiburg i.Br.

HOBBY+WERKEN

Ein Stück Puppentraum

Es war die Zeit der begrenzten Möglichkeiten und eine Zeit, in der die Phantasie, aber auch die Träume viele am Leben gehalten haben.
In dieser Zeit meiner Kindheit hat mich eine Puppe begleitet. Sie war es, die all meine Sorgen teilte, die ich mit meiner Angst beschützte, für die ich strickte und nähte...
Heute sitzt sie auf meinem Sofa, die Jahre haben auch an ihr Spuren hinterlassen. Sie ist zu einem Stück Vergangenheit geworden.
Diese Puppe aber war Auslöser meiner Sammler-Leidenschaft, und weil ich die alte Kunst des Porzellan-Puppenmachens erlernt habe, ist langsam eine große Puppenfamilie gewachsen, die stolz neben dem alten Stück bestehen kann. Diese Puppen entstanden aus Formen, die man Porzellanpuppen aus der Jahrhundertwende abgenommen hat. Seit einigen Jahren werden diese Gipsformen gehandelt. Wenn man einen solchen Puppenkopf stilecht und fachmännisch bemalt und die Puppe entsprechend kleidet, kann sie nur noch ein Fachmann von den antiken Stücken unterscheiden.
Ich meine, es muß nicht immer etwas antik sein und unverhältnismäßig teuer, daß man es schätzt und achtet. Ein kleiner Beweis dafür ist meine Sammlung. Wenn Sie dieses Heft durchblättern, werden Sie bei einigen Puppen kaum feststellen können, welche antik sind und welche nach alten Vorlagen neu gemacht wurden.
Ich möchte Sie ermuntern, die Tradition des Puppenmachens aufleben zu lassen, indem Sie alleine oder gemeinsam mit Freunden Ihre eigene Sammlung erweitern.

Was Sie zum Puppenmachen brauchen

Die nötigen Utensilien gibt es im Fachhandel, leider aber immer noch nicht überall. Wenn Sie sich deshalb besser vorher per Telefon erkundigen, erspart Ihnen das Laufereien. Die Gipsformen, die mittlerweile von den verschiedensten Firmen angeboten werden, haben schon ihren Preis. Geht man aber davon aus, daß sich von einer Form bis zu 100 Köpfe gießen lassen, so ist das sicher leichter zu verkraften.

Natürlich sollen Sie nicht 100 gleiche Puppen bauen, obwohl durch Perücke, Augenfarbe und Kleidung die unterschiedlichsten Puppentypen entstehen können. Treffen Sie sich doch einfach einmal zum gemeinsamen Puppennachmittag an Stelle des altbewährten Kaffeeklatsches, da können Sie auch die Gipsformen untereinander tauschen –, so ist auch die Anschaffung einer Kopfform rentabel.

Auch die flüssige Porzellanmasse wird nur in größeren Mengen verkauft. Ich hoffe, nachdem die Zahl der Puppeninteressenten wächst, ändert sich das einmal! Die Masse ist jedoch – das ist ein Trost – lange haltbar.

Material und Werkzeug

- Eine Gallone flüssiges Porzellan (das reicht für 20 bis 25 Puppenköpfe). Dieses hochwertige Biskuit-Porzellan gibt es in hautfarbenem Ton und in Weiß.
  Puppen aus alten Zeiten wurden oft auch aus weißem Porzellan gearbeitet. Ich stelle jedoch meine Puppen aus hautfarbener Porzellanmasse her, denn das ist viel praktischer. Würden Sie nämlich das weiße Porzellan verwenden, müßten Sie die fertig gebrannten Puppenteile erst einmal hautfarben bemalen. Hinzu kommt, daß noch ein zweiter „Make-up-Brand“ gemacht werden müßte. Einen Unterschied im Endergebnis können Sie kaum feststellen.
- Eine Puppenkopf-Form (Gipsform).
  Es gibt die verschiedensten klassischen Puppentypen – aber auch Charakterpuppenköpfe, die von mehreren Firmen angeboten werden. Lassen Sie sich beraten, und sehen Sie sich die große Auswahl der Formen an.
- Ein Stück dünnen Perlonstrumpf.
- Ein Skalpell (das gibt es auch in Apotheken).
- Ein Augenwerkzeug (das ist das Holzstäbchen mit der Holzkugel).
- Einen Abschleifschwamm.
- Porzellan-Pulverfarben: Schwarz, Pompadurrot, Braun, Gelb (und Blau oder Grün für die Augen, wenn Sie sich für bemalte Augen entscheiden. Siehe dazu auch Seite 40).
- Ein Fläschchen Spezialöl zum Anrühren der Farben.
- Messer oder Spachtel zum Anrühren des Farbpulvers und eine Kachel, Glasscheibe oder einen flachen Teller.
- Ein Fläschchen Spezialmittel zum Verdünnen der Farben.
- Einen feinen Pinsel für die Wimpern und einen Katzenzungenpinsel für die Lippen.
- Ein Stückchen reine Seide und etwas Watte.
- Papiertaschentücher und Wattestäbchen.
- Ein paar Augen aus Glas, Kristall oder Plastik (wenn Sie die Augen nicht bemalen wollen).
- Augeneinsetzwachs und etwas Gips.
- Einen Puppenkörper und einen Aufziehhaken.
- Einen Kopfdeckel aus Pappe und eine Perücke.
- Alleskleber.
  All dieses Zubehör erhalten Sie im Fachhandel.

Im Trend der Nostalgie hat sich eine neue Branche darauf spezialisiert, Formen für Porzellanpuppenköpfe zu vertreiben. Was daraus entsteht, wenn das Porzellan fachmännisch bemalt wird, kann man auf den ersten Blick kaum von den alten, wertvollen Puppen-Sammlerstücken unterscheiden, denn es sind Ab-

Um die Jahrhundertwende hat sich die Firma Kämmer & Reinhard mit dem Puppentyp „Gretchen“ einen Namen gemacht. Oben sehen Sie „Gretchen“ als Reproduktion mit Kristallaugen, rechts wur-

den die Augen auf das Porzellan gemalt. Wenn Sie die Augen selbst malen wollen, dann entfällt das Augenausschneiden auf Seite 20.

drücke, die alten Vorlagen um die Jahrhundertwende abgenommen wurden.
Mit diesen neuen „alten" Gipsformen können Sie nun selbst Puppenköpfe gießen. Dazu liefert die Industrie heute wieder feinstes Biskuit-Porzellan, das aus Kaolinvorkommen wie um 1900 gewonnen und nach alten Rezepten gemixt wird. Und wenn Sie dann erst einmal vom Puppenfieber befallen sind, werden Sie sich schnell in die Materie einarbeiten und auch leichter alte Puppen von neuen unterscheiden und ihre Herkunft identifizieren lernen.

So wird die Porzellanmasse aufbereitet:
Sicher haben Sie noch eine ausgediente feine Perlonstrumpfhose. Wenn nicht, nehmen Sie ein Haarsieb.
Stülpen Sie die Strumpfhose über einen gut gesäuberten Plastik-Putzeimer oder eine große Plastikschüssel und gießen Sie die Porzellanmasse vom Originalbehälter durch das Perlongewebe oder das Sieb in Eimer oder Schüssel. So wird das Porzellan gleichmäßig in seiner Konsistenz, Klümpchen lösen sich auf.
Waschen Sie den leeren Porzellanbehälter gut aus und gießen Sie die Masse wieder zurück.
Verschließen Sie den Originalbehälter und lassen Sie dann das Ganze über Nacht ruhen, so können noch kleine Luftbläschen entweichen.
Am nächsten Morgen wird der Behälter noch mehrmals kreisförmig geschwenkt, damit sich das Bindemittel, das sich absetzt, wieder verteilt.
Die Masse noch eine Stunde stehen lassen und weiter geht's!

Flecken der Pozellanmasse auf der Arbeitsfläche oder auch im Plastikeimer lassen sich leicht wieder wegwischen, das Material hinterläßt keine Spuren. Festgewordene Porzellanreste können Sie sammeln und mit etwas Wasser zu einem Brei mischen, der auch wieder zum Gießen verwendet werden kann. Das gleiche gilt auch für bereits gegossene Teile, die Ihren Qualitätsansprüchen nicht entsprechen. Sollte die Porzellanmasse in dem Behälter einmal zu dickflüssig geworden sein, dann läßt sie sich mit ganz wenig Wasser wieder verdünnen.

Und jetzt das Gießen

Die Gipsformen werden mit dicken Gummibändern zusammengehalten geliefert.
Oftmals ist der erste Abguß aus einer solchen Form unbrauchbar, weil das Formeninnere nicht sauber war.
Öffnen Sie daher erst einmal vorsichtig die Form und säubern Sie das Formeninnere mit einem weichen, dicken Pinsel oder pusten Sie kräftig hinein. Reinigen Sie jedoch die Form nicht mit den Fingern oder mit anderen Gegenständen, denn dazu ist der Gips zu empfindlich.
Markieren Sie auch auf jeden Fall Ober- und Unterteil (Hinterkopf und Gesichtshälfte) der Gießform, dann haben Sie es später leichter, die richtige Seite anzuheben, um den Rohling herauszunehmen.
Verschließen Sie dann die Form mit den Gummibändern und stellen Sie sie so auf die Arbeitsfläche, daß die Öffnung oben ist.
Füllen Sie jetzt ein Gefäß mit Gießvorrichtung voll mit der Porzellanmasse. Auf keinen Fall aber dürfen Sie direkt aus dem Porzellanbehälter gießen, denn da können Sie den Strahl nicht kontrollieren.
Gegossen werden muß nämlich mit gleichmäßig dickem Strahl. Läuft die Porzellanmasse zu dünn oder ungleichmäßig in die Form, bilden sich später Ringe im Porzellan. Auch wenn man versuchen würde, sie wegzuschleifen, kämen sie nach dem Brand immer wieder zum Vorschein.
Wichtig ist auch, daß der Strahl möglichst in die Mitte der Öffnung einfließt und nicht den Rand entlang läuft.
Füllen Sie die Form bis zum Rand und wischen Sie Übergelaufenes mit einem feuchten Lappen vorsichtig weg. Lassen Sie die Masse in der Form ca. 9 Minuten ruhen. Während dieser Zeit saugt die Gipsform die Flüssigkeit aus der Porzellanmasse und eine dünne Schicht wird in der Formenwand fest.

*Läßt sich die Gipsform nicht gleich öffnen, gießen Sie etwas lauwarmes Wasser über die Nahtstellen. Das Wasser muß kurz einziehen, dann lösen sich die Formenteile leicht.
Lassen Sie aber eine Gipsform, die beim Kauf noch sehr feucht war, immer erst 3 bis 5 Tage offen trocknen, bevor Sie gießen. Aus einer feuchten Form läßt sich später der Kopf nur schwer lösen, weil das Porzellanmaterial darin festhängt. Es kommt auch schon einmal vor, daß die beiden Kopfhälften durch die Feuchtigkeit in der Form beim Öffnen auseinanderreißen.*

Links eine antike Puppe aus meiner Sammlung, rechts die Reproduktion einer französischen Puppe. Der Kopf wurde aus einer der heute käuflichen Formen gegossen. Bei der Bemalung habe ich mich an eine alte Vorlage gehalten, so zum Beispiel sind die Augenbrauen gefedert – mit vielen dünnen Strichen gezeichnet. Das Wangen-Rouge habe ich sehr zart gehalten. Der ganze Kopf wirkt so, als sei er aus weißem Porzellan.

Sind die 9 Minuten um?

Dann gießen Sie die restliche Masse (denn der Puppenkopf soll ja hohl sein) wieder zurück in das Gefäß mit Gießvorrichtung und von da in das Originalgefäß. Mit etwas Geschick können Sie sich einmal Gießen sparen und versuchen, von der Form gleich in das Originalgefäß zurückzugießen. Erfahrungsgemäß gibt das jedoch immer viel Geklecker.

Auch der letzte Rest der noch flüssigen Porzellanmasse muß herauslaufen. Stellen Sie die Form dazu am besten mit der Öffnung nach unten ein paar Minuten auf einen Grillrost. Dann müssen Sie etwas Geduld beweisen und abwarten:

Je nach Feuchtigkeitszustand der Form dauert es unterschiedlich lange, bis Sie den Kopf herausnehmen können. Ist die Masse lederhart – das dauert zwischen 4 und 10 Stunden – können Sie den Rohling herausnehmen. Das geht am leichtesten mit dem „Hebammengriff" (s. dazu die Abb. S. 14).

Legen Sie die Form so vor sich hin, daß die Gesichtshälfte oben liegt und die Seite mit dem Einfüll-Loch unten.

Streifen Sie vorsichtig die Gummibänder von der Form, dabei dürfen sich die beiden Formhälften nicht verschieben!

Heben Sie die obere Formhälfte mit beiden Händen senkrecht ab und legen sie beiseite.

Umfassen Sie dann mit Daumen und Zeigefinger der rechten Hand vorsichtig den Hals des Puppenkopfes und kippen ihn langsam nach links oben in Richtung der linken Hand, die die Stirn umfaßt.

Durch diese seitliche Bewegung bricht das Porzellan am Einfüllstutzen sauber ab.

Achten Sie darauf, daß sich der noch feuchte und empfindliche Rohling nicht verzieht. An den Stellen, an denen sich der Kopf verzogen hat, bricht das Porzellan später – beim ersten Brand – ganz bestimmt.

Mit Strichmarkierungen auf der Außenseite der Form sollten Sie auch gleich festhalten, wieviele Köpfe Sie daraus gegossen haben. Nach Angaben der Hersteller kann man bis zu 100 Köpfen aus einer Form gießen.

Ein stark beschädigter Kopf sollte daher trotz allen Ärgers besser noch einmal gegossen werden. Die Porzellanmasse können Sie – mit etwas Wasser aufbereitet – wieder zum Gießen verwenden.
Kleine Unebenheiten lassen sich mit dem Finger leicht glätten.
Lassen Sie den Kopf dann so lange an der Luft trocknen, bis die Porzellanmasse hell, fast weiß geworden ist. Die Trockenzeit ist abhängig von der Raumtemperatur. Auch wenn Sie vielleicht ungeduldig sind, soll der Kopf besser nicht in Heizungsnähe trocknen.

Wer die entsprechende Zeit hat, der kann sich auch die Formen für den Puppenkörper anschaffen.
Stilechte Puppenkörper aus Holzmasse, wie man sie um die Jahrhundertwende gearbeitet hat, gibt es aber auch in den verschiedensten Größen fertig zu kaufen. Wenn Sie also nur eine (oder wenige) Puppe bauen wollen, lohnt sich die Anschaffung der Körperformen nicht. Die Formen für Puppenköpfe gibt es in den verschiedensten Größen. Wichtig ist, daß Kopf- und Körpergröße in einem harmonischen Verhältnis stehen.

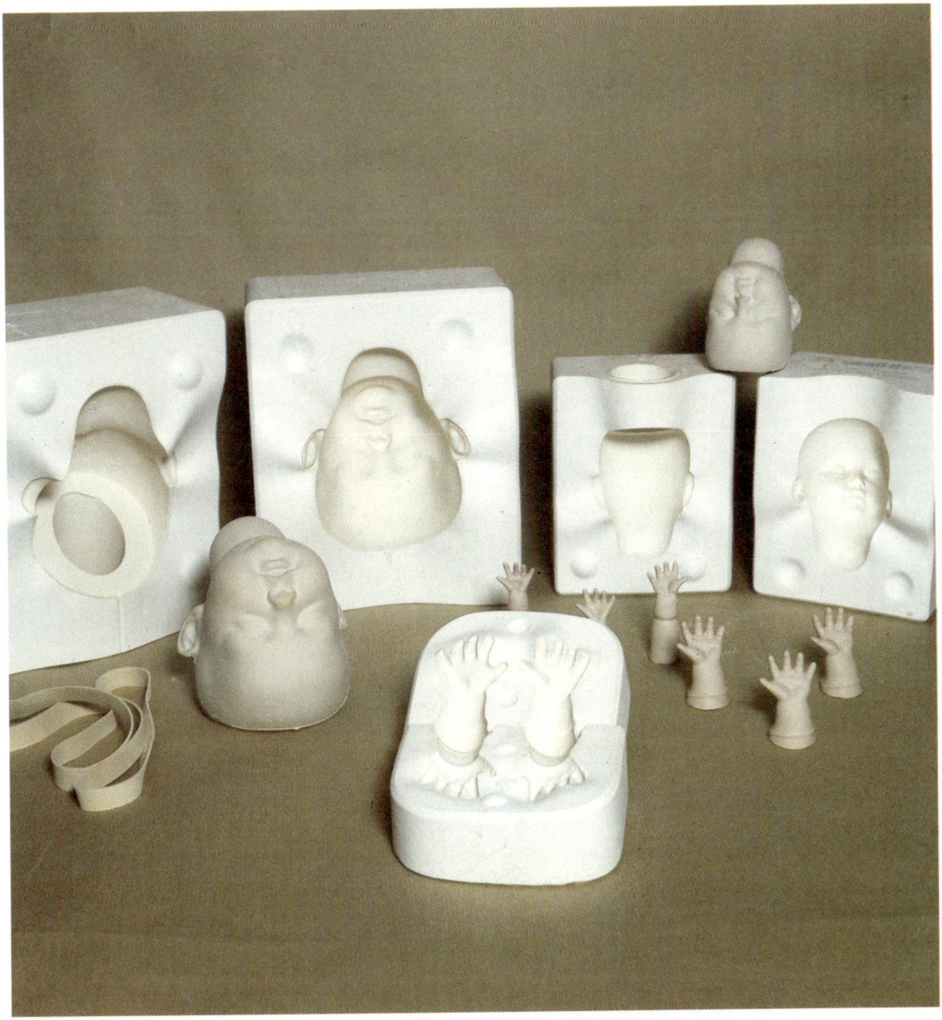

Bevor es weitergeht, muß der Rohling ganz trocken und fast weiß sein. Jetzt werden mit dem Skalpell vorsichtig die Nähte und die gröbsten Unebenheiten weggekratzt.
Zum Feinschleifen überziehen Sie Ihren Zeigefinger ganz glatt und stramm mit einem Stück dünnen Perlonstrumpf und fahren mit kreisenden Bewegungen über alle Nahtstellen, und das so lange, bis sie rundum glatt und eben sind.
Vorsicht, üben Sie bei dieser Schleifarbeit nicht zuviel Druck aus, denn das Material ist in diesem ungebrannten Zustand empfindlich und zerbrechlich.

Die Vertiefungen am unteren und oberen Ohransatz können Sie auch mit einem Wattestäbchen feinschleifen, denn an diese Stellen kommt man mit dem strumpfüberzogenen Zeigefinger schlecht hin.

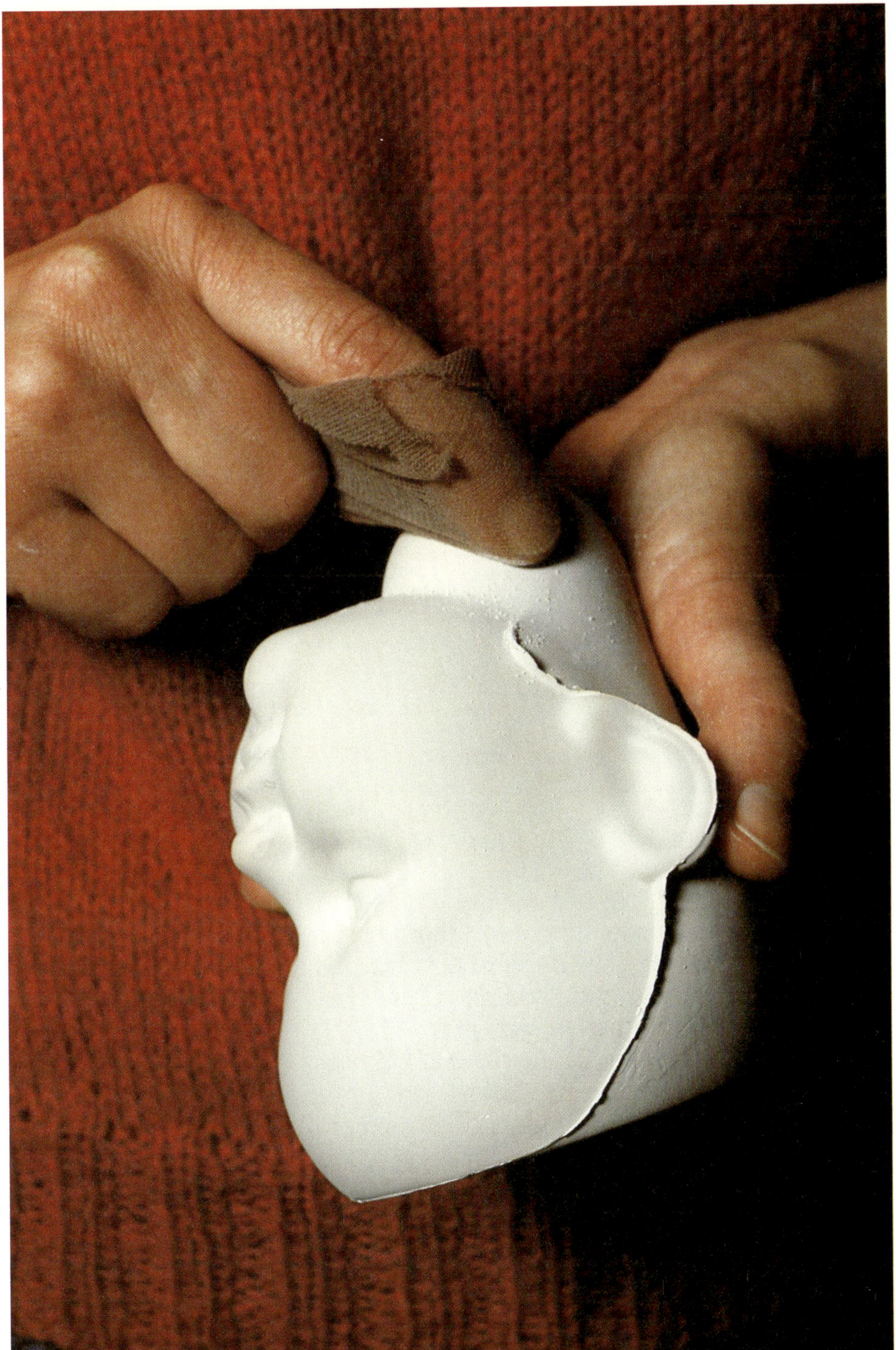

Das Augenausschneiden

Bitte lassen Sie sich hierzu viel Zeit. Man kann das ungebrannte Porzellanmaterial sehr gut abtragen, aber nie wieder aufbauen.

Was weg ist, ist also weg, daher gehen Sie jetzt ganz behutsam an die Arbeit!

Fahren Sie mit dem Skalpell, das immer ganz senkrecht zur Schnittfläche gehalten werden muß, entlang der auszuschneidenden Augenlinien, die bei allen Puppenköpfen vorgegeben sind.

Bei manchen Modellen, z. B. bei „Hilda“, muß das Augenlid stehenbleiben (ebenso bei einigen französischen Puppentypen).

Ritzen Sie also mehrmals um das ganze Auge herum.

Wenn Ihnen trotz aller Vorsicht beim Augenausschneiden ein größeres Stück herausbricht, reiben Sie die Kante ganz leicht mit einem Wattestäbchen glatt und schleifen etwas bei. Und wenn der Unfall nicht zu „augenfällig“ ist, dann stimmen Sie das zweite Auge gleich auf die Übergröße ab. Trotz der Operation sollten die Augen immer noch eine Form behalten und nicht zu übergroßen Höhlen werden.

Bohren Sie dann in die Mitte der Augen je ein Loch. Drehen Sie dazu das Skalpell leicht – mit wenig Druck. Die Hand, die den Kopf hält, darf dabei nicht zuviel Gegendruck ausüben, denn im Eifer des Gefechts ist so schon manch ein Puppenkopf zusammengebrochen.

Tip:
Reste der Porzellanmasse können Sie, mit etwas Wasser vermischt, wieder verarbeiten.

Wenn Sie sorgfältig und vor allen Dingen ruhig und sauber vorgeritzt haben, brechen die Porzellanstückchen dann von ganz alleine heraus.

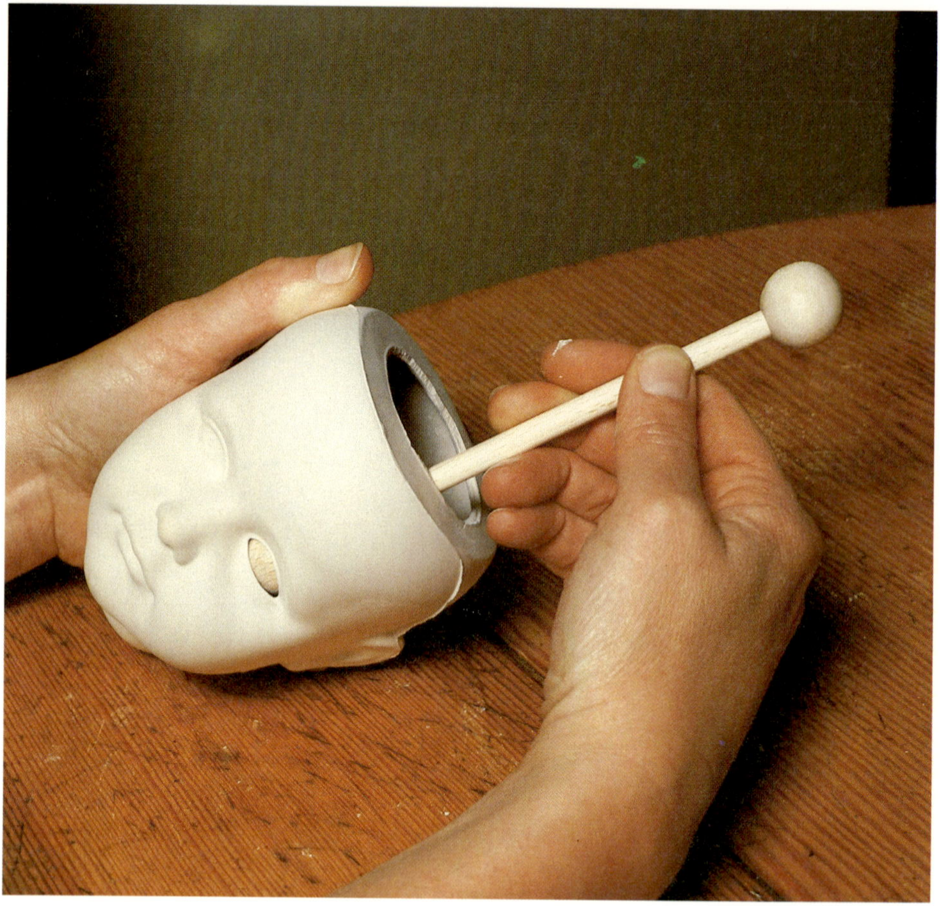

Die Glasaugen sind kugelrund und sollen ohne Zwischenraum in den Augenhöhlen liegen. Das bedeutet, Sie müssen also ein Augenbett im Porzellankopf schaffen. Spannen Sie dazu wieder ein Stück Perlonstrumpf glatt um den Zeigefinger und reiben Sie von innen um den Augenausschnitt entlang der noch scharfen Kanten, die beim Ausschneiden entstanden sind.
Hier müssen Sie im wahrsten Sinne des Wortes „Fingerspitzengefühl" aufbringen und dürfen nur so viel wegschleifen, daß die Außenwand nicht zu dünn wird.

Mit dem Augenwerkzeug – einer Holzkugel am Stiel – können Sie prüfen, ob das runde Auge gut in der Augenhöhle liegen kann. Vorsicht! Die Kugel darf nur ganz leicht an die Porzellanwand gehalten werden. Bei diesem Test ist mir anfangs oft die Augenwand eingebrochen.

Blättern Sie doch mal in diesem Heft und sehen Sie sich die verschiedenen Möglichkeiten an.

„Gretchen" hat einen verträumten, fast etwas melancholischen Blick.
Augenform, -größe und die -farbe bestimmen Typ und Gesichtsausdruck einer Puppe. Mit großen, etwas rund geschnittenen Augen blickt sie erstaunt in die Welt. Puppenmädchen sollten fröhlich gucken, ihre Augen werden möglichst gerade geschnitten, auf keinen Fall an den Seiten zu spitz nach oben oder unten verlaufend.
Puppendamen können ruhig etwas geschwungene Augen haben, die Augenwinkel etwas geheimnisvoll nach oben verlaufend.

Hier baue ich eine Puppe mit Kurbelkopf. Um diesen Kopf mit dem Körper zu verbinden, muß ein Loch in den Puppenhals gebohrt werden. Drehen Sie dazu das Skalpell in der Mitte des Halses in die Porzellanwand ein. Nach mehrmaligen kreisförmigen Drehbewegungen entsteht die Öffnung, die ca. 1 cm ⌀ haben sollte. (Lesen Sie dazu auch auf Seite 44.)
Schleifen Sie die Schnittkante mit dem perlonstrumpfüberzogenen Finger, damit scharfe Stellen später nicht den Aufziehgummi zerschneiden.
Jetzt wird der Puppenkopf mit einem dicken, weichen Pinsel von allen Porzellan- und Staubresten befreit.

Wer will, kann seine Initialen in den Puppenhals einritzen. Das geht am besten mit einem Nagel oder einem ähnlichen spitzen Gegenstand. Soll die Puppe ein Geschenk werden, ritzen Sie eine Widmung ein. Vergessen Sie nicht, das Geburtsjahr Ihrer Puppe danebenzuschreiben! Durch fortlaufende Numerierung am Hinterkopf können Sie später auch den Entwicklungsprozeß Ihrer Puppenkunst nachvollziehen.

Das Brennen

Grundvoraussetzung zum Brennen ist ein sauberer Ofen. Er muß frei sein von Staub und Glasurresten – möglicherweise Überbleibsel vom letzten Keramikbrand. Deshalb saugen Sie ihn am besten vorher aus, denn durch die Luftbewegung während des Brennvorganges setzen sich leicht Staub- und Schmutzteilchen in das Porzellan. Wurde der Ofen kurz vorher für einen Salzbrand benutzt, muß er vor dem Porzellanbrand gründlich gereinigt werden.

Jetzt ist die Möglichkeit, noch einmal genau zu kontrollieren, ob nicht doch vielleicht ein Fingernagelabdruck oder eine andere kleine Narbe im Rohling zu entdecken ist. Nichts zu finden? Dann kann gebrannt werden.

Wer nur *eine* Puppe bauen will, für den lohnt es sich natürlich nicht, einen Ofen anzuschaffen, denn es gibt heute Brennstationen an vielen Orten. Selbst Schulen und Hobby-Keramikwerkstätten, aber auch Bastelgeschäfte brennen für Sie.

Besonders bequem läßt es sich mit dem Segerkegelprinzip arbeiten. Zum Scharfbrand – so nennt man diesen ersten Brand – braucht man für das fleischfarbene Porzellan einen Segerkegel Nr. 4a und für das weiße Porzellan einen Segerkegel Nr. 6a. Die Kegel bewirken, daß der Ofen sich ausschaltet, wenn die Temperatur erreicht ist.

Fleischfarbenes Porzellan wird bei 1220° C – 1250° C gebrannt, weißes bei 1260° C. Lassen Sie den Ofen am Anfang der Brennzeit eine halbe Stunde etwas geöffnet, so kann eventuelle Feuchtigkeit besser abziehen. Erst wenn der Ofen ganz ausgekühlt ist, dürfen die Köpfe herausgenommen werden.

Die Brennzeit ist je nach Bestückung des Ofens unterschiedlich.

Kopf und Körperteile schrumpfen während des Scharfbrandes um 15 %. Damit sie das können, stehen sie auf einer etwa 1/2 cm dicken Quarzsandschicht. Die Teile dürfen sich auf keinen Fall berühren, sonst brennen sie aneinander fest. Wenn man den Ofen 2-schichtig bestückt, kann man bis zu 12 Puppenköpfe auf einmal brennen. Stellen Sie die Puppenköpfe immer mit dem Gesicht nach innen!

MAGGI
Fleischbr
Würfel

Links das Modell „Hilda“ aus dem Hause Kestner, mit geöffnetem Mund, ist eine Reproduktion.

Mit großer Leidenschaft stöbere ich auf Flohmärkten und Basaren. Dort suche ich nach dekorativen Accessoires für meine Puppen. Puppenspielzeug, Küchengeräte und kleine Möbelstücke... findet man heute manchmal noch zu fairen Preisen.

Wenn Sie alles richtig gemacht haben, müßten Sie jetzt einen oder viele schöne rosige Puppenköpfe aus dem Ofen holen.
Es kann sein, daß doch noch einige Luftbläschen im Porzellan waren, und an diesen Stellen könnte der Puppenkopf beim Brennen zu Bruch gegangen sein.
Feine Haarrisse entstehen leicht an den Augenwinkeln, wenn das Porzellan an diesen Stellen zu dünn geschliffen wurde. Entscheiden Sie aber selbst, ob Sie solch kleine Schönheitsfehler hinnehmen wollen.
Mit der rauhen Seite des Abschleifschwammes wird nun der Puppenkopf ganz fest abgeschmirgelt, dabei wird die Porzellanfläche glatt. Jetzt ist der Kopf auch nicht mehr empfindlich, sie können also kräftig zudrücken!
Je glatter die Fläche, desto besser läßt sich das Make-up auftragen.

Rechts: Häubchen und Kleid der Puppenköchin habe ich aus einem alten Bettbezug genäht. Alte Stoffe, Spitzen und Borten gibt es heute immer noch auf Trödelmärkten und Basaren.

Besonders sorgfältig muß über die Augen und den Mund geschliffen werden, knicken Sie dazu den Schwamm.

Ich prüfe nach dem Brennen jedes Teil und sortiere den Ausschuß aus, der inzwischen – nach langjähriger Erfahrung – fast Null ist.

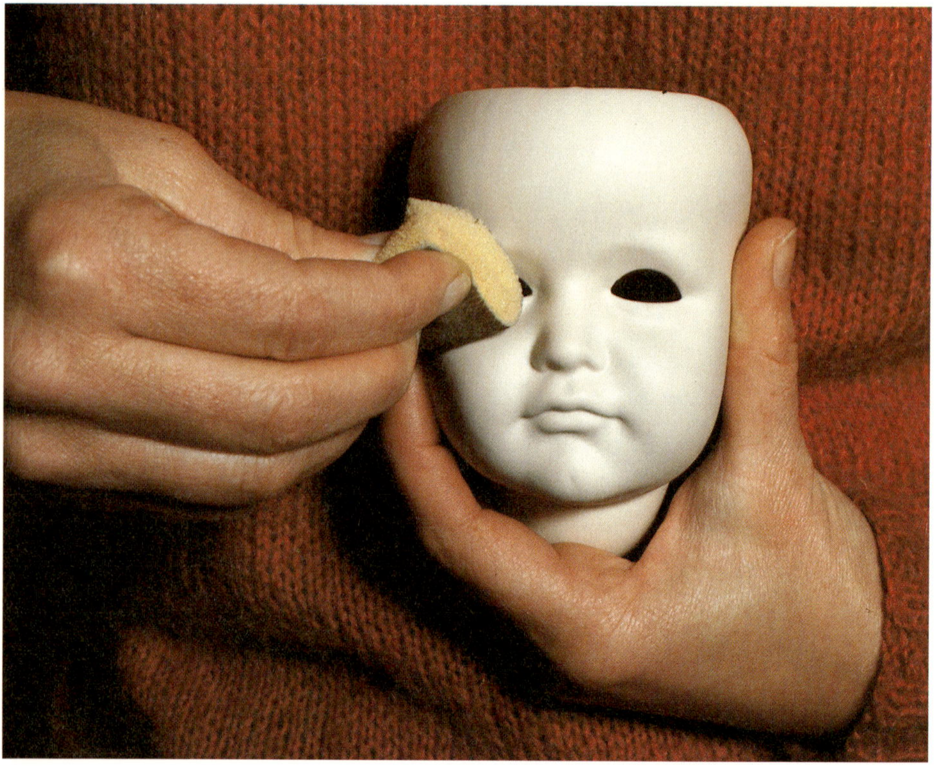

Die Bemalung

Wichtig ist, daß Sie versuchen, stilgerecht zu bemalen und nicht aufs Geratewohl das Gesicht einpinseln. Mit Schwarz geht es los: Nehmen Sie eine Messerspitze des schwarzen Pulvers – mehr brauchen Sie zunächst nicht.
Mit dem gelben Spezialöl wird das Pulver angerührt. Zerdrücken Sie dabei die einzelnen Krümelchen, bis ein feiner Farbbrei entstanden ist. Das geht am besten mit einer Messerspitze auf Glas, einer Kachel oder einem wertlosen Unterteller.
Mit der Zeit bekommen Sie dann schon das Gefühl, wie dick oder dünn die Farbe sein darf. (Wer sich noch an die Eyeliner-Zeit erinnern kann, der weiß, wie die Konsistenz der Farbe sein sollte!)
Mit einem feinen Pinsel und mit dünnem Pinselstrich wird bei den Puppentypen, die handbemalte Augen haben sollen – also keine Glasaugen bekommen –, der Lidstrich nur oben von innen nach außen gezogen. Der Lidstrich sitzt unterhalb der äußeren Lidkontur.
Fangen Sie mit wenig Druck auf den Pinsel an zu malen, legen Sie kurz vor der Augenmitte etwas Druck auf den Pinsel, denn dort darf der Strich ruhig etwas breiter verlaufen, und nehmen dann zum Ende des Lidstrichs den Druck wieder weg, denn der Strich soll fein auslaufen.
Bei Puppen mit handbemalten Augen entfällt das Wimpernzeichnen. Die Reihenfolge der Bemalung ist wichtig: Lidstriche, Auge, Pupille bzw. Wimpern, dann die Augenbrauen, Lippen, Nasenlöcher, Augenpünktchen und Wangenrouge. Und diese Reihenfolge ist daher so wichtig, weil sie unnötiges Verschmieren des zuvor Gemalten vermeiden hilft. (Dennoch muß man aufpassen!) Lesen Sie für die Augenbemalung weiter auf Seite 40.
Bei Puppen mit ausgeschnittenen Augen geht es gleich an die Wimpern.

Malen Sie sofort ins Reine. Sie können mit einem Wattestäbchen oder mit etwas Küchenkrepp frisch Gemaltes immer wieder wegwischen. Ein Trick hilft: Das Wattestäbchen mit etwas Spucke anfeuchten! Wenn Sie aber dann auf dieser Stelle neu übermalen, muß der Untergrund erst ganz trocken sein.

*Fangen Sie mit der oberen Reihe an.
Ziehen sie die feinen Striche immer von unten nach oben und gehen Sie von der Nasenwurzel aus. Schon die erste Wimper muß, etwas schräg angesetzt, in Richtung Ohr verlaufen.
Die folgenden Wimpern müssen – wie die Kontur des Augenausschnittes – noch etwas schräger sitzen. Die letzte Wimper sollte dann fast waagerecht gezeichnet werden.*

Falls die Farbe etwas eingedickt ist, lösen Sie sie wieder mit dem Spezialöl oder rühren Sie neue an.

Sehen Sie sich rechts auch gleich die verschiedenen Möglichkeiten an, Augenbrauen zu zeichnen. Als breit verlaufende Linie oder gefedert – immer entsprechend Ihrem Puppenvorbild.

Weiter geht es dann mit der unteren Wimpernreihe. Sie soll etwas kürzer werden. Drehen Sie dazu den Puppenkopf um.
Auch hier müssen die Striche wieder schräg sitzen.

Das Lippen Make-up
Wie wollen Sie Ihre Puppe schminken, in zarten Rosa- oder Orangetönen? Oder aber etwas greller, lebendiger?
Dementsprechend wird das Lippenrot gemischt. Rühren Sie eine Messerspitze von dem roten Farbpulver, wie zuvor beschrieben, mit dem gelben Öl an. Je mehr Sie dann noch von dem weißen Verdünnöl dazumischen, desto heller und zarter wird der Farbton.
Die Farbpulver können Sie natürlich auch untereinander mischen. Wenn Sie es erdfarben lieben, geben Sie vielleicht noch ein Stäubchen Braun dazu. Wie die Farben auf dem Porzellan wirken, testen Sie am besten mit ein paar Pinselstrichen an der Kopföffnung.
Blättern Sie auch noch einmal in diesem Heft und vielleicht in speziellen Katalogen alter Puppen und Kalendern, da sehen Sie die verschiedensten Möglichkeiten, Lippen zu bemalen.
Bei einigen Gesichtern sind die Lippen sehr ausgeprägt, aber oft wurden die Lippen gar nicht ganz wie von der Form angegeben ausgemalt.
Ein Babymündchen darf zum Beispiel keine spitzen Mundwinkel haben, die Lippen sollen weich wirken, und alles kann ein wenig rund gemalt werden.
Schmale Lippen wirken etwas verkniffen, die Mundwinkel sollten Sie jedoch nicht nach unten verlaufen lassen, das macht die Puppe unsympathisch.
Wichtig aber ist, daß die Farbe des Lippenrots mit dem Wangenrouge, dem Farbton der Augenbrauen und dem der Augen harmoniert.

Wenn Sie dann Lippen, Augenbrauen und Wangen malen, müssen sie ganz behutsam vorgehen, um nicht die mühevoll gezeichneten Wimpern zu verwischen.
Da die Basis der Farben Öl ist, dauert es schon eine Weile, bis sie angetrocknet ist.

Und noch etwas:
Sie dürfen niemals einen Pinsel für zwei verschiedene Farben verwenden. Wenn Sie nämlich erst Schwarz damit malen und anschließend mit Rot arbeiten, können nach dem Brand immer noch kleine dunkle Flecken zum Vorschein kommen.
Am besten, Sie markieren Ihre Pinsel entsprechend!

Die wiederum sollen zur Haarfarbe und möglichst noch zur Kleidung passen. Sie sehen – wer die Wahl hat, hat die Qual!
Nehmen Sie zum Auftragen des Lippenrots am besten den Katzenzungenpinsel. Zuviel Öl in der Farbe aber rächt sich später, denn es brennt im Ofen weg und oft bleiben dann nur noch Farbflecke auf den Lippen.
Zum Schluß deuten Sie mit zwei Pünktchen die Nasenlöcher an. (Nehmen Sie dazu das Lippenrot.) Und wie bei den alten Vorlagen wird in jeden Augenwinkel mit dem spitzen Pinsel je ein Pünktchen gesetzt, dort, wo die Tränenkanäle sitzen.

Und jetzt das Wangen-Rouge:
Sicher haben Sie sich schon manchmal gefragt, wie die Puppenhersteller früher den feinen Hauch Rouge auf die Wangen gezaubert haben.
Hier ist das Geheimnis:
Mit etwas Verdünnöl werden die Wangen grundiert. Mit etwas Küchenkrepp oder einem Papiertaschentuch nimmt man wieder soviel Öl weg, bis nur noch eine dünne Schicht auf den Wangen haftet.
Sie können das Öl bis an die Grenze der Augenwimpern verteilen, an den Seiten bis zu den Ohren und über das Kinn ziehen.
Vorsicht aber bei diesem Arbeitsgang, daß Sie nicht die Wimpern oder das Lippenrot verwischen!!!
Verwenden Sie zum „Rougen" den verbleibenden Rest vom Lippenrot und überziehen Sie einen Wattebausch mit einem seidenen Stoffrest. Tränken Sie die Seide ganz wenig mit der roten Farbe und tupfen damit das Rot auf die Wangen (Stupf-Technik).
Legen Sie erst einen ganz feinen Rosa- oder Orangeton über die ganze Wangenfläche bis hin zu den Ohren usw. Dann wird noch einmal etwas kräftiger gestupft – aber diesmal nur ins

Immer wieder kommt es vor, daß mir Puppenmütter ihre frisch geschminkten Puppenköpfe zum Brennen bringen, sie aber so liebevoll eingepackt haben, daß das Make-up hoffnungslos verwischt war. Packen Sie den Kopf zum Transport zu den Brennstationen am besten in ein Kästchen. Betten Sie den Hinterkopf in etwas Schaumgummi oder Styropor, so kann der Puppenkopf nicht verrutschen und das Make-up ist geschützt.

Zentrum der Wangen. So erreichen Sie eine plastische Wirkung.

Reiben Sie aber auf keinen Fall mit dem Finger oder dem seidenen Wattebausch über die Wangen, wenn Sie noch etwas am Rougeton verändern wollen. Nur mit der Stupftechnik erzielen Sie den zarten Rouge-Effekt!

Jetzt ist schon etwas Leben im Puppengesicht.

Prüfen Sie, ob im Eifer des Gefechts nicht etwa noch eine Wimper verwischt wurde!

Das Puppen-Make-up wird jetzt bei 715° C eingebrannt. Für Öfen mit Segerkegelprinzip brauchen Sie für diesen Dekorbrand einen Segerkegel Nr. 018.

Lassen Sie den Ofendeckel etwas geöffnet, damit die Malöl-Dünste entweichen können.

Die Augenbrauen der Puppe „Gretchen" verlaufen hier originalgetreu als weiche, etwas breitere Linie, aber nicht etwa parallel zum Augenoval, sondern eher fast als gerade Linie. Das gibt der Puppe den etwas melancholischen Blick.
So hat jeder Puppentyp, ob deutsch, ob französisch, seine eigenen Gesetze der Bemalung – will man es stilecht machen.
Blättern Sie einmal in alten Büchern, aber auch in diesem Heft finden Sie die verschiedensten Möglichkeiten.

Jetzt zum Augen-Malen:

Auf Seite 32 wurde bereits der Lidstrich beschrieben. Jetzt tragen Sie die Augenfarbe auf: Rühren Sie dazu einen Blau-, Grau-, Braun- oder Grünton an. Die Farbe muß dickflüssig sein!

Tragen Sie sie aber ganz dünn auf und zwar so, daß der Kreis der Iris am äußeren Rand etwas dunkler verläuft, innen – zur Nase hin – etwas heller; das ergibt mehr räumliche Tiefe. Warten Sie einen Moment und tragen dann mit Schwarz den Pupillenkreis auf.

Ist Ihr Puppen-Make-up fertig: Augen bzw. Wimpern, Augenbrauen, Rouge, Lippenrot, Pünktchen an Nasen und Augen, wird wie auf Seite 38 gebrannt.

Nach dem Dekorbrand und erst, wenn der Kopf ganz abgekühlt ist, verzieren Sie die Augen mit einem kleinen Glanzlicht. Nehmen Sie dazu Deckweiß oder Plakatfarbe. Diese Punkte sollten jedoch nicht ganz in der Pupillenmitte sitzen!

Das Einsetzen von Augen

Schauen Sie sich Ihren Puppenkopf gut an und suchen Sie in Ruhe aus einem Sortiment die Augen aus, die am besten zum Typ und zum Make-up passen. Das ist nicht immer eine leichte Entscheidung, denn braune Augen z. B. haben eine ganz andere Ausstrahlung als blaue und beides sieht garantiert wunderschön aus. Auf die Augenfarbe sollten dann später auch Perücke und Kleidung abgestimmt werden.

Augen gibt es in verschiedenen Qualitäten, aus Glas, Kristall oder Plastik und die wiederum in den verschiedensten Größen.

Wenn Sie sich entschlossen haben, rollen Sie ein Stück Augeneinsetzwachs mit beiden Handflächen zu einem Würstchen. Dabei wird das Wachs geschmeidig und läßt sich ganz leicht um das Auge legen. Halten Sie es dann

Glas- und Kristallaugen werden geblasen und noch handgearbeitet, deshalb können sich zwei nie aufs Haar gleichen.
Wer es ganz genau und regelmäßig liebt, nimmt am besten die maschinell hergestellten Plastikaugen.

zwischen Zeige- und Mittelfinger der rechten Hand und führen es bei Kurbelköpfen (das ist unser Beispiel auf Seite 41) durch die Kopföffnung, bei Einbindeköpfen (das sind meist die Köpfe für Baby-Puppen) durch die Halsöffnung – und drücken Sie es von innen fest in das Augenbett. Das gleiche mit dem zweiten Auge. Prüfen Sie dann, ob die Blickrichtung stimmt und keine Lücken zwischen Augen und Porzellanwand bleiben. Jetzt können Sie noch beliebig korrigieren und entscheiden, ob die Puppe einen Silberblick haben soll, eine besondere Blickrichtung oder geradeaus sieht. Jetzt werden die Augen endgültig befestigt. Rühren Sie dazu etwas Wasser mit Gips an (zuerst das Wasser, dann den Gips dazumischen!). Die Masse muß breiig werden, damit die Gipsmischung nicht etwa durch eventuelle kleine Ritzen zwischen Auge und Porzellanwand dringen kann. Am besten läßt sich der Gips mit einem Teelöffel – durch Kopf- oder Halsöffnung geführt – hinter den Augen verteilen.
Das Ganze etwa 20 Minuten trocknen lassen.

Der Körper

Ganz wichtig ist, daß Sie die Größe des Puppenkörpers auf den Kopf abstimmen und natürlich auch auf den Puppentyp.
Eine Baby-Puppe wird immer eher nach einem pummeligen Körper verlangen, einem aus Porzellan oder aber auch aus Baumwollstoff, den man mit weichem Material füllt. Eine Puppendame braucht eher eine schlanke Figur. Es gibt mittlerweile auch Formen, mit denen Sie die Körperteile selbst gießen und dann auch brennen können. Die Form für Babyhände habe ich Ihnen schon auf den Seiten 16/17 vorgestellt. Die einzelnen Teile werden dann mit Gummiband aufgezogen. Aber auch diese Puppendoktor-Tätigkeit will gelernt sein und bedarf eines besonderen Werkzeuges.

Rechts sehen Sie Glieder- oder Gelenk-Körper aus Holzmasse, wie man sie schon für Puppen um die Jahrhundertwende hergestellt hat. Heute kann man sie wieder in allen Größen – hergestellt nach den alten Rezepten – im Fachhandel kaufen. Sie sind in allen Gelenken beweglich und der Preis dafür ist durch die ständig wachsende Nachfrage inzwischen auch gesunken. Puppenkörper, importiert aus Asien, sind natürlich weitaus preiswerter als die, die in Deutschland hergestellt werden, die Proportionen der deutschen Körper hingegen sind etwas ausgewogener.

Sie müssen eben abwägen, ob es sich für Sie lohnt, solch ein Formenquantum und das Werkzeug dazu anzuschaffen. Das hängt nicht zuletzt davon ab, was Sie aus Ihrem Puppenhobby machen wollen.

Bei Kurbelköpfen (wie hier bei „Gretchen") wird ein sogenannter Aufziehhaken so durch die Kopföffnung geführt, daß der Haken aus der Halsöffnung herausragt und das Plastikstückchen im Hals festhängt. Legen Sie dann den Kopf vorsichtig so, daß der Haken nicht wieder hineinrutschen kann. Manchmal kommt es vor, daß das Halsloch zu groß gebohrt wurde und der Aufziehhaken mitsamt Plastikteilchen immer wieder herausfällt. Helfen Sie sich dann damit, daß Sie aus fester Pappe einen kleinen Kreis schneiden, begradigen Sie das Endstück des Hakens mit einer Zange, bohren Sie ein Loch in die Mitte des Pappkreises und führen den Haken durch. Jetzt wird das Endstück des Hakens wieder rundgebogen und das Ganze hält gut im Kopf fest.

Zur Auswahl des Aufziehhakens nehmen Sie am besten den Kopf mit, denn es gibt verschiedene Größen. Sie können aber, wie auf Seite 24 beschrieben, von vornherein gleich die Öffnung am Hals auf die vorhandene Hakengröße abstimmen.

Anschließend werden Kopf und Körper miteinander verbunden. Dazu müßte man eigentlich drei Hände haben.
Wenn sich kein „Assistent“ findet, klemmen Sie den Puppenkörper am besten zwischen die Knie. Mit einer Hand wird nun der Haken in die Gummibänder gehängt. Heben Sie dazu den „Gummihalter“, Nagel oder Stift, leicht an. Unangenehm wird es allerdings, wenn bei diesem Akt der Aufziehgummi im Puppenkörper verschwindet.
Drücken Sie deshalb zur Sicherheit das Hakenende nach dem gelungenen Einhängen mit einer Zange fest zu und ziehen erst dann Stift oder Nagel heraus.

Wollen Sie den Kopf einmal wieder abmontieren, dann nehmen Sie die Puppe zwischen die Knie. Stecken Sie, während der Kopf etwas vom Körper weggezogen wird, Stift oder Nagel durch die Gummis und haken so den Kopf wieder aus. Möglicherweise müssen Sie den Haken mit der Zange etwas öffnen.

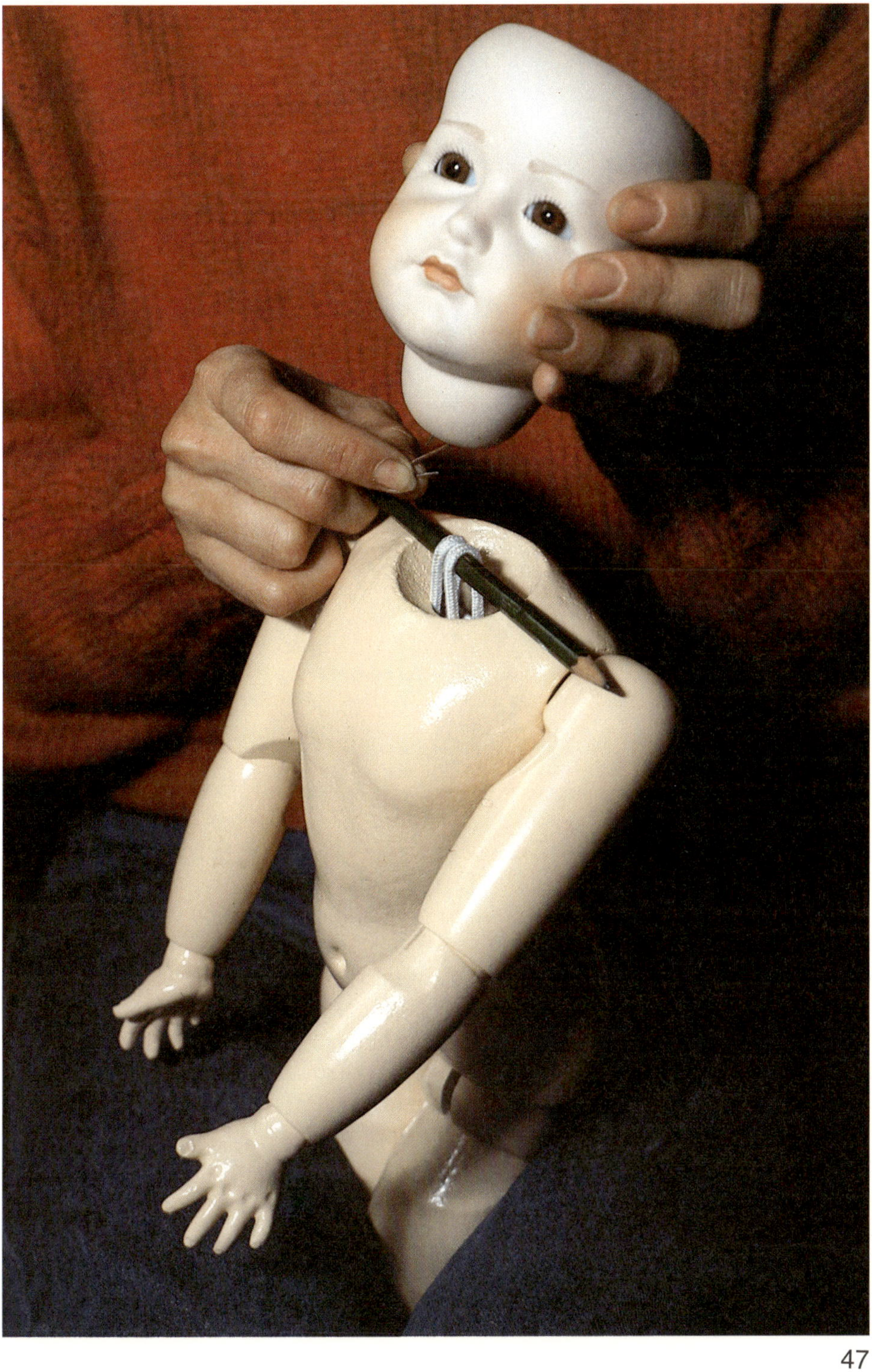

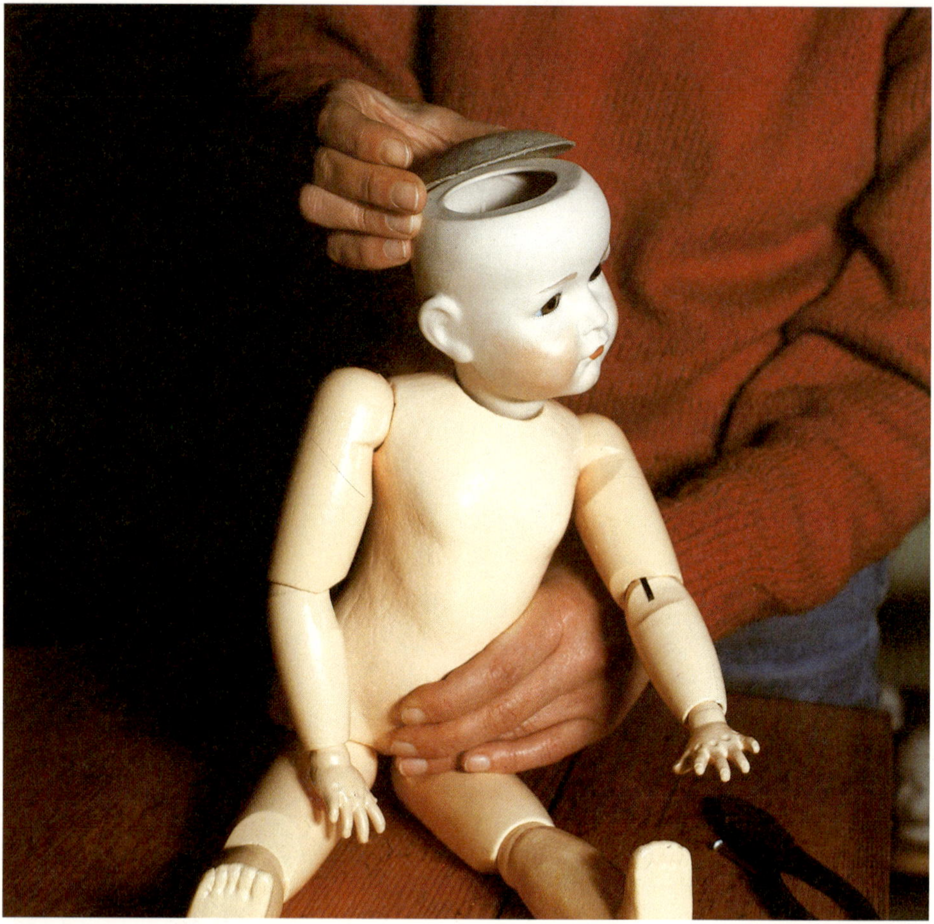

Bevor es zum „Friseur“ geht, wird das Kopfloch mit einem Kopfdeckel – das ist ein runder, gewölbter Pappkreis – geschlossen. Nehmen Sie dazu am besten einen Alleskleber. Es gibt so viele verschiedene Haarqualitäten: Perücken für Puppen aus Kunsthaar, asiatischem Echthaar, aus feinem französischem Echthaar, aus Mohair und Angora und all diese Qualitäten in den verschiedensten Färbungen – aber auch: schillergelockt, als Bubikopf, kraus oder glatt, lang oder kurz, geflochten oder mit Tolle. Doch durch die Vielfalt des Perückenangebotes haben Sie die Möglichkeit, Ihre Puppe stilgerecht zu „behaaren“.

Wählen Sie in Ruhe die Perücke aus, stimmen Sie sie auf Augenfarbe oder auch Kleidung ab.

M. Boden
eferant
der Königin
Niederlande.
BRESLAU,
Ring 38.

Jetzt habe ich mich entschieden. „Gretchen" wird rotblond und sicher werde ich ihr Zöpfe flechten und sie zu Schnecken seitlich nach oben stecken. So wird sie zu einer ländlichen - vielleicht irischen - Schönheit.
Die Haarauswahl ist für mich jedesmal ein Abenteuer, und es wird mir um so schwerer, seit mein Perückenbestand so gewachsen ist. Für mich ist die Befestigung der Perücke nie etwas Endgültiges, denn wenn es mir Spaß macht und es die Zeit erlaubt, ziehe ich meine Puppen auch mal um - vielleicht weil ich auf einem Trödelmarkt ein paar wunderschöne Kleider ergattert habe oder mir eine Freundin wieder mal eines genäht hat. Ich lasse sie aber auch über Nacht, zur Überraschung meiner Töchter, zu ganz anderen Typen werden, so zum Beispiel wurde aus „Hilda", der züchtigen Köchin auf Seite 28 über Nacht ein Lausbub (Seite 61). Grund dafür war, daß durch einen kleinen Unglücksfall die Augen herausgebrochen waren. Zur Reparatur mußte ich ohnehin die Perücke lösen.

Kleben Sie die Perücke mit einem „haarfreundlichen" Kleber fest. Vorsicht, es gibt Klebstoffe, die die Perücken beschädigen würden, wollte man sie mal wieder ablösen. Stülpen Sie sie von innen nach außen und legen sie auf der Puppenkopfmitte an. Jetzt wird sie fest über den Kopf gezogen, und solange der Klebstoff noch frisch ist, können Sie noch genau anpassen.

Puppenkleidung

Stilgerechte Puppengarderobe selbst zu schneidern, will gelernt sein und nur wenige Schnitte werden angeboten, die auf die gängigen Puppengrößen abgestimmt sind. Nun ja, die kleinen Biesen und Spitzenstückchen einzupassen, die winzigen Knöpfchen anzunähen – das erfordert schon etwas Geduld und Fingerspitzengefühl.

Wenn Sie Glück haben, ergattern Sie auf Trödelmärkten alte Spitzen, Bordüren, bestickte Bettwäsche, Tischdecken, Gardinenreste... möglicherweise auch hier und da Blumenschmuck, kleine Täschchen und Puppenhüte.

Sie können aber auch neue Baumwollstücke in Teesud so färben, daß sie aussehen wie die Stoffe aus Omas Epoche.

Das Kleid der Puppe „Octavia" habe ich Ihnen als Schnitt auf den folgenden Seiten ausgearbeitet. Es ist dekorativ, aber trotzdem auch für Anfänger leicht zu nähen.

Puppenkleider können Sie natürlich auch fertig kaufen. (Allerdings kostet das schon seinen Preis!)

Schuhe und Strümpfe sollten Sie nicht versuchen, selbst zu machen, da steht die Mühe kaum im Verhältnis zum Endergebnis.

Weißes Baumwollkleid mit Spitze
für Puppengröße 45–48

Sie brauchen dazu:
1 m Baumwollstoff, 90 cm breit;
etwa 4,5 cm breite Baumwollspitze, 1,50 m lang: für Rocksaum und Ärmelabschluß;
etwa 2 cm breite Baumwollspitze, 65 cm lang: für Brustteil und Oberarm;
etwa 1 cm breite Baumwollspitze, 50 cm lang: für Vorderteil und Stehbund;
ca. 2,5 cm breites rosa oder hellblaues Schleifenband, 80 cm lang: für Brustteil, Ärmelunterfütterung und Schleifchen;
50 cm schmales Wäschegummiband;
3 Druckknöpfe;
Geben Sie bei allen Stoffteilen 5 mm Naht zu.

- Arbeiten Sie in die beiden Vorderteile je 3 Biesen ein und nähen Sie die 1 cm schmale Baumwollspitze links und rechts an.
- Die beiden Vorderteile werden mit der 2 cm breiten Spitzenborte verbunden, die Spitzenborte vorher mit rosa oder hellblauem Schleifenband unterfüttert.
- Nähen Sie nun das Vorderteil mit dem Rückenteil an den Schultern zusammen.
- Setzen Sie von der 2 cm breiten Spitze am Oberarmteil an und unterfüttern Sie auch mit Schleifenband.
- Jetzt wird das untere Armteil angenäht und an der Schnittkante jeweils der Ärmel mit der 4,5 cm breiten Spitze verlängert.
- Damit die Puffärmel den richtigen „Effekt" bekommen, nähen Sie von innen ein Stück stramm gespanntes Gummiband zwischen Spitze und unterem Armstück auf.
- Kräuseln Sie die Armkugel und nähen Sie sie jeweils in das Armloch ein.
- Arm- und Körpernaht werden dann geschlossen.
- Nähen Sie jetzt 6 Biesen in das Rockteil – oben sollten sie etwas schmaler sein, unten etwas breiter – und verlängern die Schnittkante des Rockes mit der 4,5 cm breiten Spitzenborte. Da das Rockteil einen zu großen Teil in diesem Buch einnehmen würde, haben wir nur die Maße dafür, aber das Rechteck verkleinert, angegeben.
- Kräuseln Sie das obere Rockteil (Taille) und verbinden es mit dem Oberteil.
- Verzieren Sie den Stehkragen, der verstürzt angenäht wird, mit der 1 cm breiten Spitze.
- Nähen Sie die Rocknaht hinten zu 2/3 zusammen und verschließen das Rückenteil mit Druckknöpfen.
- Dämpfen Sie alle Nähte sauber aus.

  Vielleicht wollen Sie das Vorderteil mit einer kleinen Brosche, mit einer Schleife oder einem Blumenschmuck verzieren?

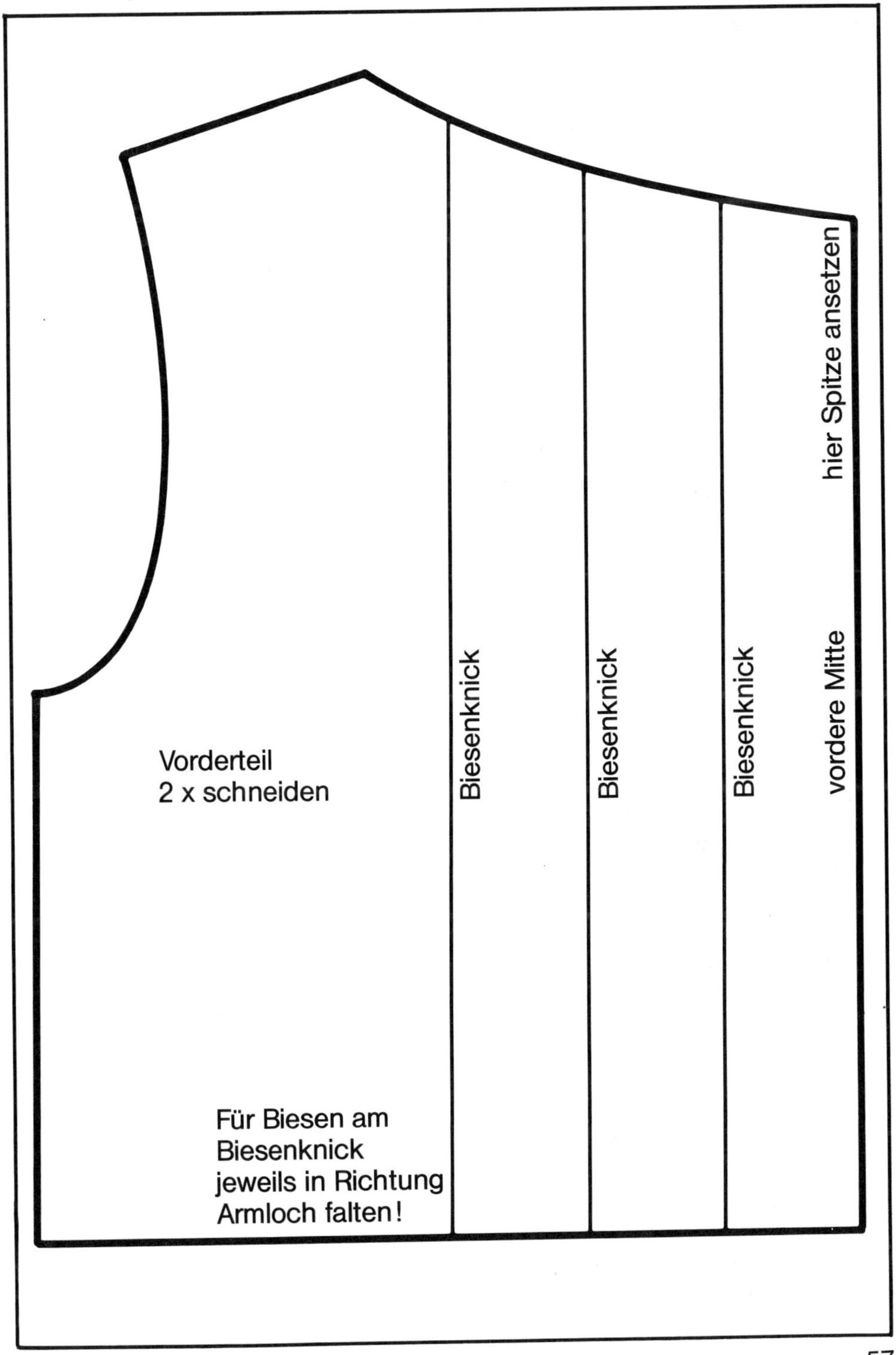
Vorderteil
2 x schneiden
Biesenknick
Biesenknick
Biesenknick
vordere Mitte
hier Spitze ansetzen
Für Biesen am Biesenknick jeweils in Richtung Armloch falten!

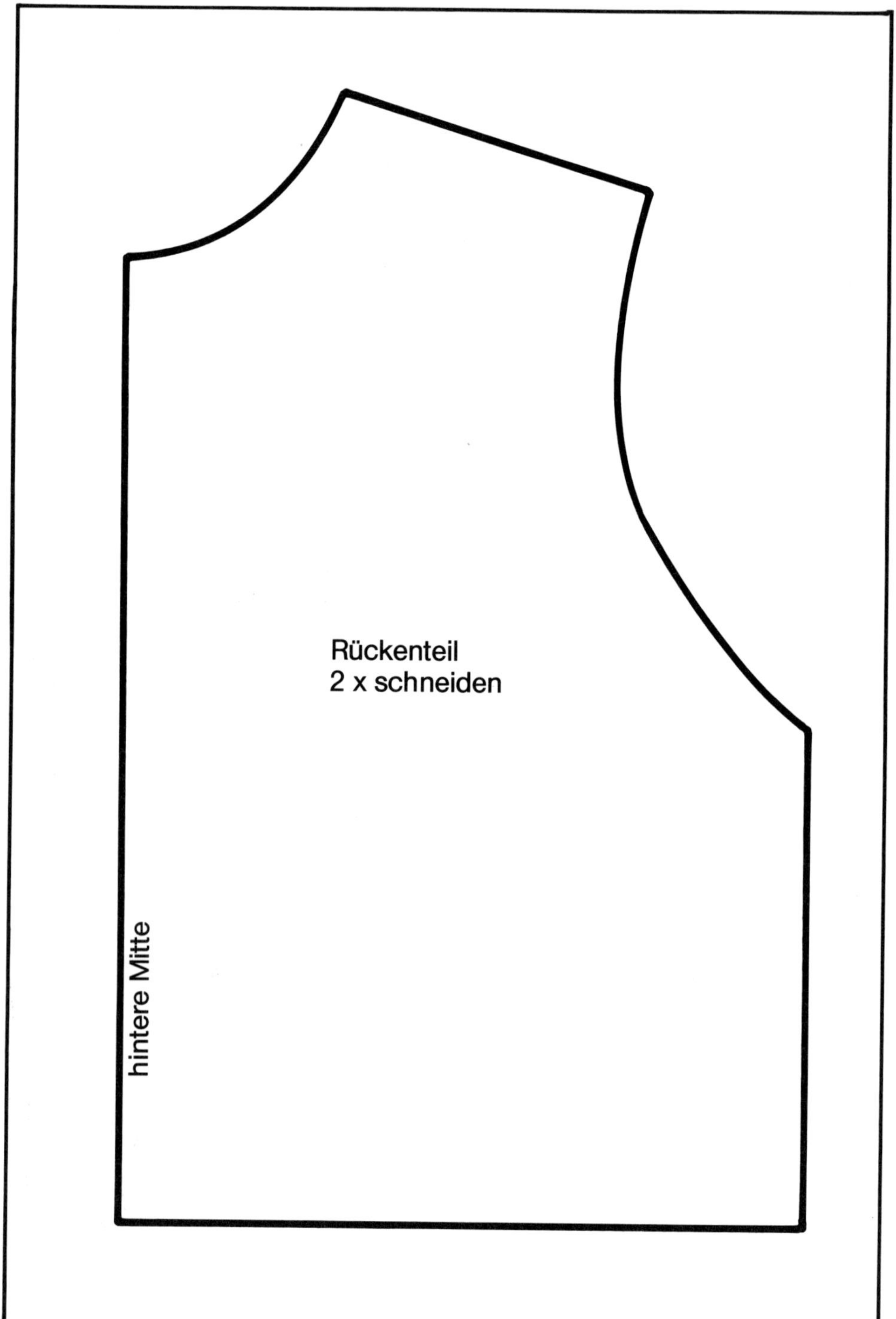
Rückenteil
2 x schneiden
hintere Mitte

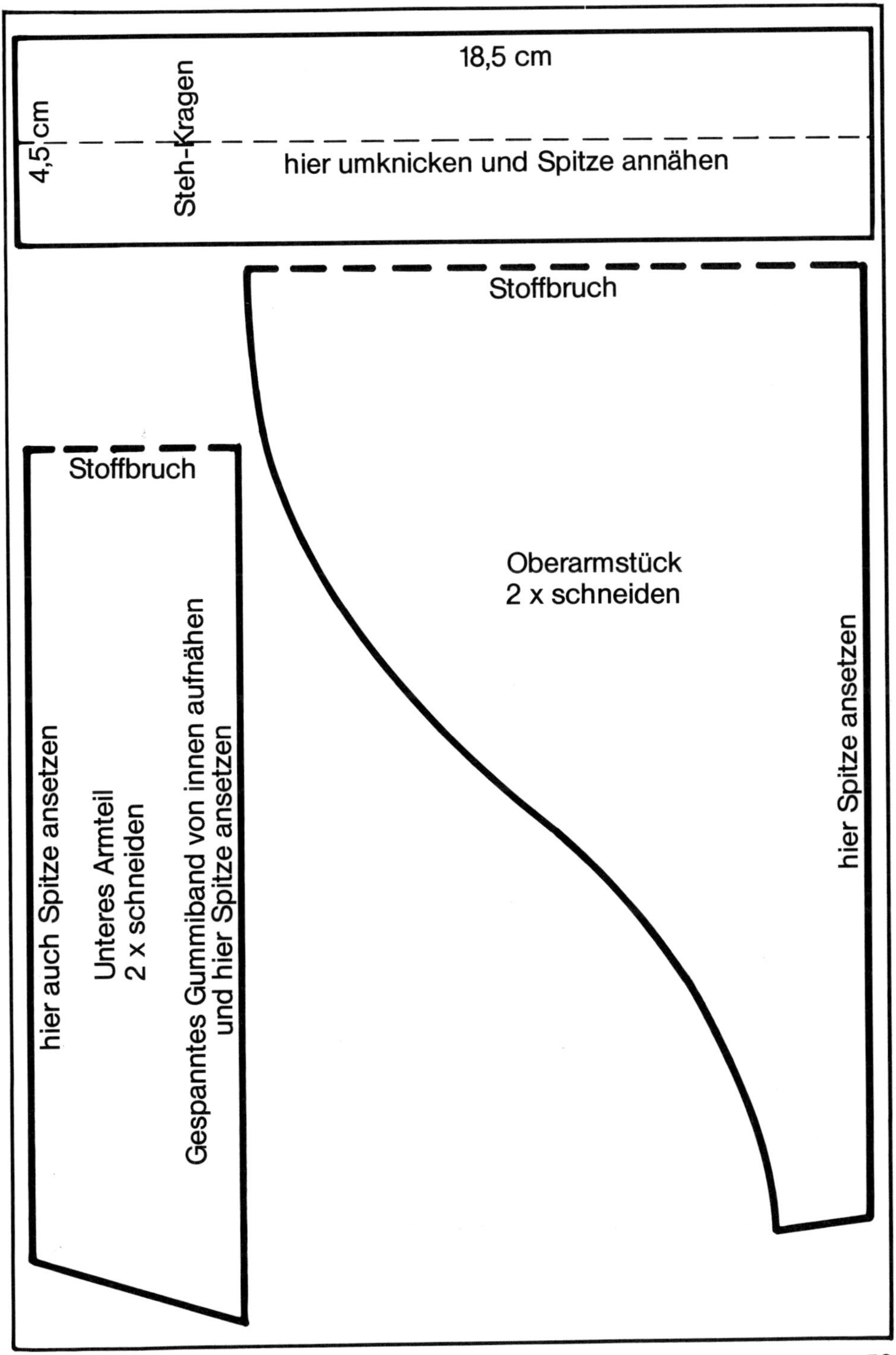
18,5 cm
4,5 cm
Steh-Kragen
hier umknicken und Spitze annähen
Stoffbruch
Stoffbruch
Oberarmstück
2 x schneiden
hier Spitze ansetzen
hier auch Spitze ansetzen
Unteres Armteil
2 x schneiden
Gespanntes Gummiband von innen aufnähen
und hier Spitze ansetzen

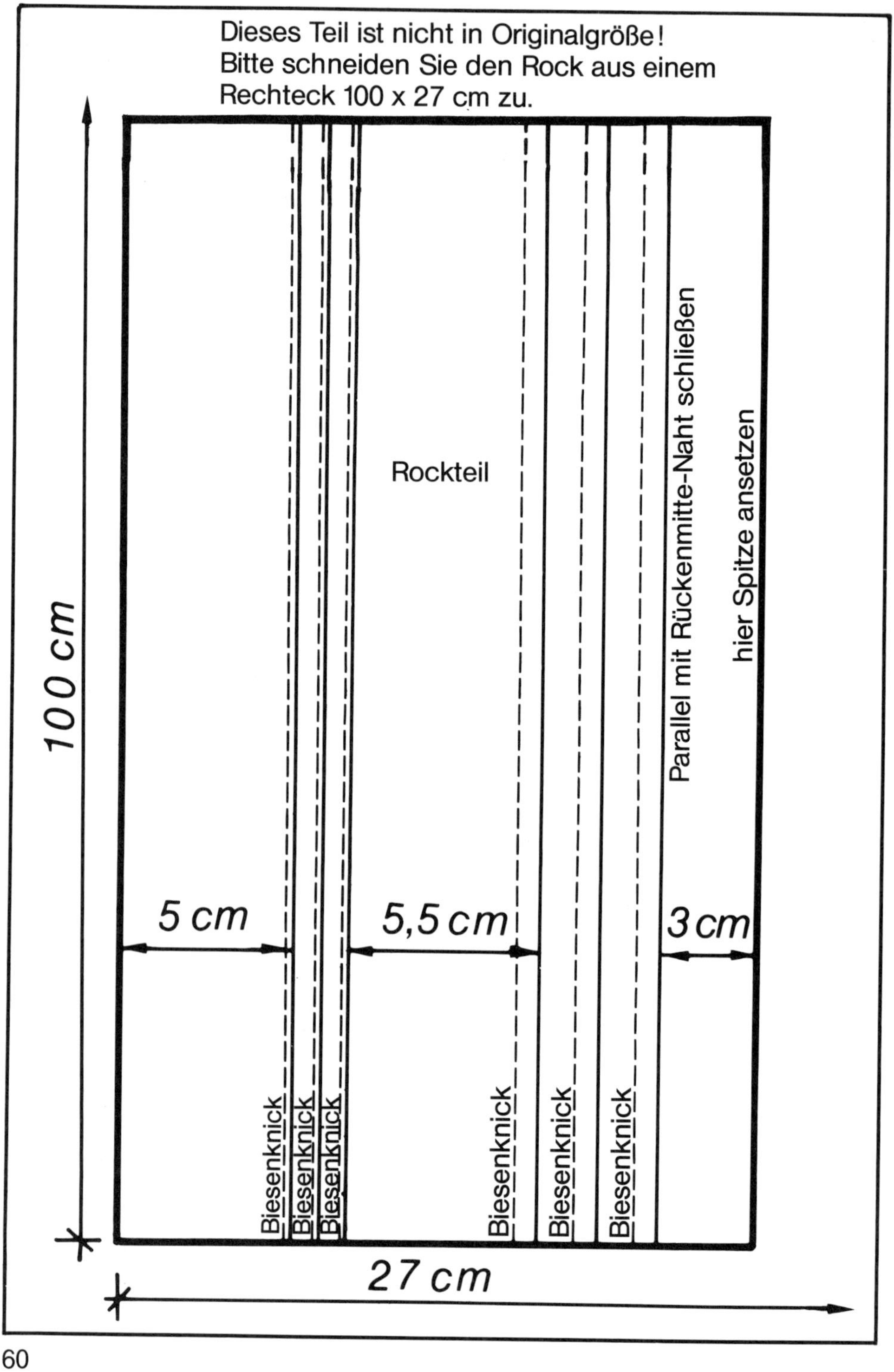

Dieses Teil ist nicht in Originalgröße!
Bitte schneiden Sie den Rock aus einem
Rechteck 100 x 27 cm zu.
Rockteil
Parallel mit Rückenmitte-Naht schließen
hier Spitze ansetzen
100 cm
5 cm
5,5 cm
3 cm
Biesenknick
Biesenknick
Biesenknick
Biesenknick
Biesenknick
Biesenknick
27 cm

Und noch etwas zum Abschluß:
Wer Puppen stilgerecht arbeiten möchte und noch mehr darüber erfahren will, der sollte ein Puppenseminar besuchen – allein schon deshalb, weil er dort die nötigen Materialtechniken kennenlernt.
Solche Seminare sparen viel Zeit und auch viel Lehrgeld. Sie werden von speziell ausgebildeten Puppenmacherinnen, aber auch vom Fachhandel geleitet.
Ich selbst habe auch in solchen Seminaren das Puppenbauen gelernt und sehr positive Erfahrungen gesammelt.

Schreiben Sie mir, wie Sie mit meinem Buch zurechtkommen und welche Erfahrungen Sie beim Puppenbauen gesammelt haben. Schreiben Sie mir auch, wenn Sie noch weitere Fragen dazu haben.
Viel Erfolg beim Puppenbauen wünscht Ihnen

Ihre Renate Müller

Renate Müller
Postfach 201139
5300 Bonn 2

CIP-Kurztitelaufnahme der Deutschen Bibliothek

Müller, Renate:
Porzellanpuppen nach alten Vorbildern selber gießen /
Renate Müller. – Freiburg i. Br.:
Christophorus-Verlag, 1984.
(Hobby + Werken)
ISBN 3-419-52752-7

Fotos: Christian Kaminski
Zeichnungen: Lajos Jobbagy
Gesamtherstellung: Konkordia Druck GmbH, Bühl (Baden)